Aus des Angelus Silesius Cherubinischem Wandersmann

Angelus Silesius

Alpha Editions

This edition published in 2022

ISBN : 9789356375581

Design and Setting By
Alpha Editions
www.alphaedis.com
Email - info@alphaedis.com

Angelus Silesius

Rein wie das feinste Gold, steif wie ein Felsenstein,
Ganz lauter wie Kristall, soll dein Gemüte sein.

Die Demut ist der Grund, der Deckel und der Schrein,
In dem die Tugenden stehn und beschlossen sein.

Die Tugenden sind so verknüpfet und verbunden:
Wer ein' alleine hat, der hat sie alle funden.

Wann ich die Lauterkeit durch Gott geworden bin,
So wend ich mich, um Gott zu finden, nirgends hin.

Die Braut verdient sich mehr mit einem Kuß um Gott,
Als alle Mietlinge mit Arbeit bis in Tod.

Die Liebe, wenn sie neu, braust wie ein junger Wein,
Je mehr sie alt und klar, je stiller wird sie sein.

Lieb üben hat viel Müh: wir sollen nicht allein
Nur lieben, sondern selbst, wie Gott, die Liebe sein.

Fragst du, was Gott mehr liebt, ihm wirken oder ruhn?
Ich sage, daß der Mensch, wie Gott, soll beides tun.

Das Wort, das Gott von dir am allerliebsten höret,
Ist, wann du herzlich sprichst: Sein Wille sei geehret.

Gott ist nur eigentlich: er liebt und lebet nicht,
Wie man von mir und dir und andren Dingen spricht.

Gott ist des Lebens Buch, ich steh in ihm geschrieben
Mit seines Lammes Blut: wie sollt er mich nicht lieben.

Gott ist so viel an mir, als mir an ihm gelegen,
Sein Wesen helf ich ihm, wie er das meine, hegen.

Gott hat nicht Unterscheid, es ist ihm alles ein:
Er machet sich so viel der Flieg als dir gemein.

Ich weiß, daß ohne mich Gott nicht ein Nu kann leben,
Werd ich zu nicht, er muß von Not den Geist aufgeben.

Gott mag nicht ohne mich ein einzigs Würmlein machen:
Erhalt ichs nicht mit ihm, so muß es stracks zukrachen.

Ich bin so groß als Gott: er ist als ich so klein;
Er kann nicht über mich, ich unter ihm nicht sein.

Gott ist ein Ackersmann, das Korn sein ewig Wort,
Die Pflugschar ist sein Geist, mein Herz der Säungsort.

Gott wohnt in einem Licht, zu dem die Bahn gebricht;
Wer es nicht selber wird, der sieht ihn ewig nicht.

Gott opfert sich ihm selbst: Ich bin in jedem Nu
Sein Tempel, sein Altar, sein Betstuhl so ich ruh.

Gott ist ein lauter Nichts, ihn rührt kein Nun noch Hier:
Je mehr du nach ihm greifst, je mehr entwird er dir.

Gott gibet niemand nichts, er stehet allen frei:
Daß er, wo du nur ihn so willst, ganz deine sei.

Gott ist in mir das Feur, und ich in ihm der Schein:
Sind wir einander nicht ganz inniglich gemein?

Daß Gott so selig ist und lebet, ohn Verlangen,
Hat er sowohl von mir, als ich von ihm empfangen.

Gott liebt mich über sich: lieb ich ihn über mich,
So geb ich ihm so viel, als er mir gibt aus sich.

Ich bin so reich als Gott, es kann kein Stäublein sein,
Das ich (Mensch, glaube mir) mit ihm nicht hab gemein.

Gott ist ein Wunderding: er ist das, was er will,
Und will das, was er ist, ohn alle Maß und Ziel.

Gott ist unendlich hoch (Mensch, glaube das behende),
Er selbst findt ewiglich nicht seiner Gottheit Ende.

Gott gründt sich ohne Grund und mißt sich ohne Maß!
Bist du ein Geist mit ihm, Mensch, so verstehst du das.

Gott ist nicht hoch, nicht tief: wer endlich anders spricht,
Der hat der Wahrheit noch gar schlechten Unterricht.

Gott ist mir Gott und Mensch: ich bin ihm Mensch und Gott:
Ich lösche seinen Durst, und er hilft mir aus Not.

In Gott wird nichts erkannt: er ist ein einig Ein.
Was man in ihm erkennt, das muß man selber sein.

Gott macht kein neues Ding, obs uns zwar neue scheint:
Für ihm ist ewiglich, was man erst werden meint.

In Gott ist alles Gott: ein einzigs Würmelein,
Das ist in Gott so viel als tausend Gotte sein.

Gott gibt sich ohne Maß: je mehr man ihn begehrt,
Je mehr und mehr er sich erbietet und gewährt.

Gott, der bequemt sich uns, er ist uns, was wir wollen:
Weh uns, wenn wir ihm auch nicht werden, was wir sollen.

Gott ist noch mehr in mir, als wann das ganze Meer
In einem kleinen Schwamm ganz und beisammen wär.

Ich weiß Gotts Konterfei: er hat sich abgebildt
In seinen Kreaturn, wo dus erkennen willt.

Gott hat sich nie bemüht, auch nie geruht, das merk:
Sein Wirken ist sein Ruhn und seine Ruh sein Werk.

Gott tut im Heilgen selbst alls, was der Heilge tut:
Gott geht, steht, liegt, schläft, wacht, ißt, trinkt, hat guten Mut.

Gott gleicht sich einem Brunn: er fleußt ganz mildiglich
Heraus in sein Geschöpf und bleibet doch in sich.

Werd Gott, willst du zu Gott: Gott macht sich nicht gemein,
Wer nicht mit ihm will Gott und das was er ist sein.

Gott ist ein ewger Geist, der alls wird, was er will,
Und bleibt doch, wie er ist, unformlich und ohn Ziel.

Gott ist nicht's erste Mal am Kreuz getötet worden,
Denn schau: er ließ sich ja in Abel schon ermorden.

Wer saget, daß sich Gott vom Sünder abgewendt,
Der gibet klar an Tag, daß er Gott noch nicht kennt.

Gott zürnet nie mit uns, wir dichtens ihm nur an:
Unmöglich ist es ihm, daß er je zürnen kann.

Gott wohnet in sich selbst, sein Wesen ist sein Haus:
Drum gehet er auch nie aus seiner Gottheit aus.

Was Gott ist, weiß man nicht: Er ist nicht Licht, nicht Geist,
Nicht Wahrheit, Einheit, Eins, nicht was man Gottheit heißt,

Nicht Weisheit, nicht Verstand,   nicht Liebe, Wille, Güte,
Kein Ding, kein Unding auch,   kein Wesen, kein Gemüte.

Gott ist ein Geist, ein Feur,   ein Wesen und ein Licht,
Und ist doch wiederum   auch dieses alles nicht.

Gott ist noch nie gewest   und wird auch niemals sein
Und bleibt doch nach der Welt,   war auch vor ihr allein.

Mein Gott, wie groß ist Gott!   Mein Gott, wie klein ist Gott!
Klein als das kleinste Ding   und groß wie alls von Not.

Gott liebt und lobt sich selbst,   so viel er immer kann:
Er kniet und neiget sich,   er bet't sich selber an.

Gott ist das, was er ist: ich bin das, was ich bin:
Doch kennst du einen wohl,   so kennst du mich und ihn.

Ich bin nicht außer Gott,   und Gott nicht außer mir,
Ich bin sein Glanz und Licht,   und er ist meine Zier.

Christ, es ist nicht genug,   daß ich in Gott nur bin:
Ich muß auch Gottessaft   zum Wachsen in mich ziehn.

Nimm, trink, so viel du willst   und kannst, es steht dir frei:
Die ganze Gottheit selbst   ist deine Gasterei.

Ich bin die Reb im Sohn,   der Vater pflanzt und speist,
Die Frucht, die aus mir wächst,   ist Gott der heilge Geist.

Die Gottheit ist mein Saft: was aus mir grünt und blüht,
Das ist sein heilger Geist,   durch den der Trieb geschieht.

Wer mir Vollkommenheit,   wie Gott hat, ab will sprechen,
Der müßte mich zuvor   von seinem Weinstock brechen.

Daß Gott allmächtig sei,   das glaubet jener nicht,
Der mir Vollkommenheit,   wie Gott begehrt, abspricht.

Ich auch bin Gottes Sohn,   ich sitz an seiner Hand:
Sein Geist, sein Fleisch und Blut   ist ihm an mir bekannt.

Der Abgrund meines Geists   ruft immer mit Geschrei
Den Abgrund Gottes an: sag, welcher tiefer sei?

Der Geist, den Gott mir hat   im Schöpfen eingehaucht,
Soll wieder wesentlich   in ihm stehn eingetaucht.

Ich lasse mich Gott ganz: will er mir Leiden machen,
So will ich ihm so wohl als ob den Freuden lachen.

So bald durch Gottes Feur ich mag geschmelzet sein,
So drückt mir Gott alsbald sein eigen Wesen ein.

Dann wird das Blei zu Gold, dann fällt der Zufall hin,
Wann ich mit Gott durch Gott in Gott verwandelt bin.

Ich bin Gotts ander Er, in mir findt er allein,
Was ihm in Ewigkeit wird gleich und ähnlich sein.

Man redt von Zeit und Ort, von Nun und Ewigkeit:
Was ist dann Zeit und Ort und Nun und Ewigkeit?

Zeit ist wie Ewigkeit und Ewigkeit wie Zeit,
So du nur selber nicht machst einen Unterscheid.

Man kann den höchsten Gott mit allen Namen nennen,
Man kann ihm wiederum nicht einen zuerkennen.

Denkst du den Namen Gotts zu sprechen in der Zeit?
Man spricht ihn auch nicht aus in einer Ewigkeit.

Was Cherubin erkennt, das mag mir nicht genügen,
Ich will noch über ihn, wo nichts erkannt wird, fliegen.

Ich bin nicht Ich noch du: du bist wohl Ich in mir:
Drum geb ich dir, mein Gott, allein die Ehrgebühr.

Mir dient die ganze Welt, ich aber dien allein
Der ewgen Majestät: wie edel muß ich sein!

Nichts ist, als Ich und du: und wenn wir zwei nicht sein,
So ist Gott nicht mehr Gott und fällt der Himmel ein.

Wie ist mein Gott gestalt't? Geh, schau dich selber an,
Wer sich in Gott beschaut, schaut Gott wahrhaftig an.

Ich bin Gotts Kind und Sohn, er wieder ist mein Kind:
Wie gehet es doch zu, daß beide beides sind!

Ist Gottes Gottheit mir nicht inniglich gemein,
Wie kann ich dann sein Kind und er mein Vater sein?

Ich bete Gott mit Gott aus ihm und in ihm an:
Er ist mein Geist, mein Wort, mein Psalm und was ich kann.

Nichts dünkt mich hoch zu sein: ich bin das höchste Ding,
Weil auch Gott ohne mich ihm selber ist gering.

Gott ist mein Stab, mein Licht, mein Pfad, mein Ziel, mein Spiel,
Mein Vater, Bruder, Kind und alles, was ich will.

Ich bin ein ewig Licht, ich brenn ohn Unterlaß:
Mein Docht und Öl ist Gott, mein Geist, der ist das Faß.

Ich trage Gottes Bild: wenn er sich will besehen,
So kann es nur in mir, und wer mir gleicht, geschehen.

Dafern mein Will ist tot, so muß Gott, was ich will:
Ich schreib ihm selber vor das Muster und das Ziel.

Gar unausmeßlich ist der Höchste, wie wir wissen,
Und dennoch kann ihn ganz ein menschlich Herz umschließen!

Ruh ist das höchste Gut: und wäre Gott nicht Ruh,
Ich schließe für ihm selbst mein Augen beede zu.

Wir beten: es gescheh, mein Herr und Gott, dein Wille:
Und sieh, er hat nicht Will: er ist ein ewge Stille.

Schau, alles, was Gott schuf, ist meinem Geist so klein,
Daß es ihm scheint in ihm ein einzig Stüpfchen sein.

Eh ich noch etwas ward, da war ich Gottes Leben:
Drum hat er auch für mich sich ganz und gar ergeben.

Fragst du, mein Christ, wo Gott gesetzt hat seinen Thron?
Da, wo er dich in dir gebieret, seinen Sohn.

Soll ich mein letztes End und ersten Anfang finden,
So muß ich mich in Gott und Gott in mir ergründen
Und werden das, was er: ich muß ein Schein im Schein,
Ich muß ein Wort im Wort, ein Gott im Gotte sein.

Ich selbst bin Ewigkeit, wann ich die Zeit verlasse,
Und mich in Gott und Gott in mich zusammenfasse.

Niemand redt weniger als Gott ohn Zeit und Ort:
Er spricht von Ewigkeit nur bloß ein einzigs Wort.

Wer in sich selber sitzt, der höret Gottes Wort,
Vernein es, wie du willst, auch ohne Zeit und Ort.

Nicht du bist in dem Ort, der Ort, der ist in dir!
Wirfst du ihn aus, so steht die Ewigkeit schon hier.

Du sprichst: Versetze dich aus Zeit in Ewigkeit.
Ist dann an Ewigkeit und Zeit ein Unterscheid?

Gott ist die ewge Sonn, ich bin ein Strahl von ihme,
Drum ist mirs von Natur, daß ich mich ewig rühme.

Freund, so du etwas bist, so bleib doch ja nicht stehn:
Man muß aus einem Licht fort in das andre gehn.

Die Einfalt ist so wert, daß, wann sie Gott gebricht,
So ist er weder Gott, noch Weisheit, noch ein Licht.

Schleuß mich so streng du willst in tausend Eisen ein,
Ich werde doch ganz frei und ungefesselt sein.

Der Vogel in der Luft, der Stein ruht auf dem Land,
Im Wasser lebt der Fisch, mein Geist in Gottes Hand.

Die Seel ist ein Kristall, die Gottheit ist ihr Schein:
Der Leib, in dem du lebst, ist ihrer beider Schrein.

Zwei Augen hat die Seel; eins schauet in die Zeit,
Das andre richtet sich hin in die Ewigkeit.

Wer sich nicht drängt zu sein des Höchsten liebes Kind,
Der bleibet in dem Stall, wo Vieh und Knechte sind.

Begehrst du was mit Gott, ich sage klar und frei,
(Wie heilig du auch bist) daß es dein Abgott sei.

Wann du die Dinge nimmst ohn allen Unterscheid,
So bleibst du still und gleich in Lieb und auch in Leid.

Wie mag dich doch, o Mensch, nach etwas tun verlangen,
Weil du in dir hältst Gott und alle Ding umfangen?

Wer Gott um Gaben bitt't, der ist gar übel dran:
Er betet das Geschöpf und nicht den Schöpfer an.

Das Wort, das dich und mich und alle Dinge trägt,
Wird wiederum von mir getragen und gehegt.

Ein Mensch, der seine Kräft und Sinne kann regieren,
Der mag mit gutem Recht den Königstitel führen.

Mein höchster Adel ist,   daß ich noch auf der Erden
Ein König, Kaiser, Gott,   und was ich will, kann werden.

Das größte Wunderding   ist doch der Mensch allein:
Er kann, nach dem ers macht,   Gott oder Teufel sein.

Wer in sich Ehre hat,   der sucht sie nicht von außen.
Suchst du sie in der Welt,   so hast du sie noch draußen.

Ich weiß nicht was ich bin,   ich bin nit was ich weiß:
Ein Ding und nicht ein Ding: ein Stüpfchen und ein Kreis.

So viel du Gott geläßt,   so viel mag er dir werden,
Nicht minder und nicht mehr   hilft er dir aus Beschwerden.

Wer Gott will gleiche sein,   muß allem ungleich werden,
Muß ledig seiner selbst   und los sein von Beschwerden.

So du das ewge Wort   in dir willst hören sprechen,
So mußt du dich zuvor   von Unruh ganz entbrechen.

Dem Gottsbegierigen   wird dieser Punkt der Zeit
Viel länger als das Sein   der ganzen Ewigkeit.

Willst du den Perlentau   der edlen Gottheit fangen,
So mußt du unverruckt   an seiner Menschheit hangen.

Gott ist dir worden Mensch: wirst du nicht wieder Gott,
So schmähst du die Geburt   und höhnest seinen Tod.

Mensch, wann du noch nach Gott   Begier hast und Verlangen,
So bist du noch von ihm   nicht ganz und gar umfangen.

Mensch, wirst du nicht ein Kind,   so gehst du nimmer ein,
Wo Gottes Kinder sind: die Tür ist gar zu klein.

So du aus Mißvertraun   zu deinem Gotte flehest
Und ihn nicht sorgen läßt: schau, daß du ihn nicht schmähest.

Daß du nicht Menschen liebst,   das tust du recht und wohl,
Die Menschheit ists, die man   im Menschen lieben soll.

Du bist die Babel selbst: gehst du nicht aus dir aus,
So bleibst du ewiglich   des Teufels Polterhaus.

Der Zufall muß hinweg   und aller falscher Schein:
Du mußt ganz wesentlich   und ungefärbet sein.

Mensch, wo du Tugend wirkst mit Arbeit und mit Müh,
So hast du sie noch nicht, du kriegest noch um sie.

Wer unbeweglich bleibt in Freud, in Leid, in Pein,
Der kann nunmehr nit weit von Gottes Gleichheit sein.

Wer nichts begehrt, nichts hat, nichts weiß, nichts liebt, nichts will,
Der hat, der weiß, begehrt und liebt noch immer viel.

Mensch, so du etwas liebst, so liebst du nichts fürwahr:
Gott ist nicht dies und das, drum laß das Etwas gar.

Nichts ist, das dich bewegt, du selber bist das Rad,
Das aus sich selbsten läuft und keine Ruhe hat.

Mensch, deine Seligkeit kannst du dir selber nehmen,
So du dich nur dazu willst schicken und bequemen.

Halt an, wo läufst du hin, der Himmel ist in dir:
Suchst du Gott anderswo, du fehlst ihn für und für.

Mensch, wo du deinen Geist schwingst über Ort und Zeit,
So kannst du jeden Blick sein in der Ewigkeit.

Der Weise, welcher sich hat über sich gebracht,
Der ruhet, wenn er läuft, und wirkt, wenn er betracht't.

Mensch, liebete sich Gott nicht selbst durch sich in dir,
Du könntest nimmermehr ihn lieben nach Gebühr.

Wenn du aus Sodom gehst und dem Gericht entfliehest,
So steht dein Heil darauf, daß du nicht rückwärts siehest.

Mensch, was du liebst, in das wirst du verwandelt werden,
Gott wirst du, liebst du Gott, und Erde, liebst du Erden.

Mensch, Gott gedenket nichts. Ja, wär'n in ihm Gedanken,
So könnt er hin und her, welch's ihm nicht zusteht, wanken.

Je mehr du Gott erkennst, je mehr wirst du bekennen,
Daß du je weniger ihn, was er ist, kannst nennen.

Wann du dich über dich erhebst und läßt Gott walten,
So wird in deinem Geist die Himmelfahrt gehalten.

Die heilge Majestät, (willst du ihr Ehr erzeigen,)
Wird allermeist geehrt mit heilgem Stilleschweigen.

Die Einsamkeit ist not, doch, sei nur nicht gemein,
So kannst du überall in einer Wüsten sein.

Die Welt, die hält dich nicht: du selber bist die Welt,
Die dich in dir mit dir so stark gefangen hält.

Ein wesentlicher Mensch ist wie die Ewigkeit,
Die unverändert bleibt von aller Äußerheit.

Mensch, gibst du Gott dein Herz, er gibt dir seines wieder:
Ach, welch ein werter Tausch! du steigest auf, er nieder.

Mensch, werde wesentlich: denn wann die Welt vergeht,
So fällt der Zufall weg, das Wesen, das besteht.

Mensch, solltest du in dir das Ungeziefer schauen,
Es würde dir für dir als für dem Teufel grauen.

Das Brot ernährt dich nicht: was dich im Brote speist,
Ist Gottes ewigs Wort, ist Leben und ist Geist.

Schaut doch das Wunder an! Gott macht sich so gemein,
Daß er auch selber will der Lämmer Weide sein.

Je mehr du dich aus dir kannst austun und entgießen:
Je mehr muß Gott in dich mit seiner Gottheit fließen.

Mensch, wo du noch was bist, was weißt, was liebst und haßt,
So bist du, glaube mir, nicht ledig deiner Last.

Wo dich noch dies und das bekümmert und bewegt,
So bist du noch nicht ganz mit Gott ins Grab gelegt.

Mensch, in dem Ursprung ist das Wasser rein und klar,
Trinkst du nicht aus dem Quell, so stehst du in Gefahr.

Wer ist, als wär er nicht und wär er nie geworden:
Der ist (o Seligkeit!) zu lauter Gotte worden.

Mensch, so du Gott noch pflegst um dies und das zu danken,
Bist du noch nicht versetzt aus deiner Schwachheit Schranken.

Das Kreuz zu Golgatha kann dich nicht von dem Bösen,
Wo es nicht auch in dir wird aufgericht't, erlösen.

Wird Christus tausendmal zu Bethlehem geboren
Und nicht in dir: du bleibst noch ewiglich verloren.

Berührt dich Gottes Geist   mit seiner Wesenheit,
So wird in dir gebor'n   das Kind der Ewigkeit.

Freund, glaub es oder nicht: ich hör in jedem Nu,
Wann ich bin taub und stumm,   dem ewgen Worte zu.

Wer stets alleine lebt   und niemand wird gemein,
Der muß, ist er nicht Gott,   gewiß vergöttet sein.

Entwachse dir, mein Kind: willst du zu Gott hinein,
So mußt du vor ein Mann   vollkommnes Alters sein.

Kein Ding ist auf der Welt   so hoch und wert zu achten,
Als Menschen, die mit Fleiß   nach keiner Hochheit trachten.

Mensch, geh nur in dich selbst!   denn nach dem Stein der Weisen
Darf man nicht allererst   in fremde Lande reisen.

Der Mensch hat eher nicht   vollkommne Seligkeit,
Bis daß die Einheit hat   verschluckt die Anderheit.

Das edelste Gebet   ist, wenn der Beter sich
In das, für dem er kniet,   verwandelt inniglich.

Verwirf nicht, was du hast.   Ein Kaufmann, der sein Geld
Wohl anzulegen weiß,   den lobet alle Welt.

Du findest, wie du suchst: wie du auch klopfest an
Und bittest, so wird dir   geschenkt und aufgetan.

Es ist zwar wahr, daß Gott   dich selig machen will:
Glaubst du, er will's ohn dich,   so glaubest du zu viel.

Kein Würmlein ist so tief   verborgen in der Erden,
Gott ordnets, daß ihm da   kann seine Speise werden.

Laß doch nicht ab von Gott,   ob du sollst elend sein:
Wer ihn von Herzen liebt,   der liebt ihn auch in Pein.

Mensch, rede recht von Gott: er haßt nicht sein Geschöpfe
(Unmöglich ist es ihm),   auch nicht die Teufels-Köpfe.

Das Wesen Gottes macht   sich keinem Ding gemein
Und muß notwendig doch   auch in den Teufeln sein.

Mensch, des Gerechten Schlaf   ist mehr bei Gott geacht't,
Als was der Sünder bet't   und singt die ganze Nacht.

Der Punkt der Seligkeit   besteht in dem allein,
Daß man muß wesentlich   aus Gott geboren sein.

Räum weg und mache Luft,   das Fünklein liegt in dir,
Du flammest es leicht auf   mit heilger Liebsbegier.

Mein Christ, du mußt dich selbst   durch Gott vom Schlaf erwecken,
Ermunterst du dich nicht,   du bleibst im Traume stecken.

Die Sinnen sind im Geist   all' ein Sinn und Gebrauch:
Wer Gott beschaut, der schmeckt,   fühlt, riecht und hört ihn auch.

Wer Gott so leicht entbehrn,   als leicht empfangen kann,
Der ist auf allen Fall   ein rechter Heldenmann.

Du sprichst, du wirst noch wohl   Gott sehen und sein Licht:
O Narr, du siehst ihn nie,   siehst du ihn heute nicht.

Mensch, alls, was außer dir,   das gibt dir keinen Wert:
Das Kleid macht keinen Mann,   der Sattel macht kein Pferd.

Weil die Geschöpfe gar   in Gottes Wort bestehn:
Wie können sie dann je   zerwerden und vergehn?

Das Ende krönt das Werk,   das Leben ziert den Tod:
Wie herrlich stirbt der Mensch,   der treu ist seinem Gott.

Man wünschet ihm den Tod   und fliehet ihn doch auch:
Jen's ist der Ungeduld   und dies der Zagheit Brauch.

Gott kann nichts Böses woll'n: wollt er des Sünders Tod
Und unser Ungelück,   er wäre gar nicht Gott.

Mensch, stirbest du nicht gern,   so willst du nicht dein Leben:
Das Leben wird dir nicht   als durch den Tod gegeben.

Zum Himmel ist die Erd'   ein einzigs Stäubelein:
O Narr, wie kann in ihr   dann etwas großes sein?

Die Meinungen sind Sand,   ein Narr, der bauet drein,
Du baust auf Meinungen,   wie kannst du weise sein?

Du sprichst: die Heiligen   sind tot zu unsrer Not:
Der weise Mann, der spricht: den Narren sind sie tot.

Gott sieht nicht über sich,   drum überheb dich nicht:
Du kommst sonst mit Gefahr   aus seinem Angesicht.

Mensch, die Figur der Welt vergehet mit der Zeit,
Was trotz'st du dann so viel auf ihre Herrlichkeit?

Ich sag, es stirbet nichts: nur daß ein ander Leben,
Auch selbst das peinliche, wird durch den Tod gegeben.

Kein Tod ist herrlicher, als der ein Leben bringt,
Kein Leben edler, als das aus dem Tod entspringt.

Gott selber, wenn er dir will leben, muß ersterben:
Wie denkst du ohne Tod sein Leben zu ererben?

Ich sterb und leb auch nicht: Gott selber stirbt in mir:
Und was ich leben soll, lebt er auch für und für.

Ich sterb und lebe Gott: will ich ihm ewig leben,
So muß ich ewig auch, für ihm den Geist aufgeben.

Ich glaube keinen Tod: sterb ich gleich alle Stunden,
So hab ich jedesmal ein besser Leben funden.

Der Tod, aus welchem nicht ein neues Leben blühet,
Der ists, den meine Seel aus allen Töden fliehet.

Indem der weise Mann zu tausendmalen stirbet,
Er durch die Wahrheit selbst um tausend Leben wirbet.

Tod ist ein selig Ding: je kräftiger er ist,
Je herrlicher daraus das Leben wird erkiest.

Ich muß MARIA sein und Gott aus mir gebären,
Soll er mich ewiglich der Seligkeit gewähren.

Ach, könnte nur dein Herz zu einer Krippe werden!
Gott würde noch einmal ein Kind auf dieser Erden.

In einem Senfkörnlein, so du's verstehen willt,
Ist aller oberen und untren Dinge Bild.

Kein Stäublein ist so schlecht, kein Stüpfchen ist so klein:
Der Weise siehet Gott ganz herrlich drinne sein.

Nichts ist dem Nichts so gleich als Einsamkeit und Stille,
Deswegen will sie auch, so er was will, mein Wille.

Wo Gott ein Feuer ist, so ist mein Herz der Herd,
Auf welchem er das Holz der Eitelkeit verzehrt.

Man sagt, Gott mangelt nichts, er darf nicht unsrer Gaben;
Ists wahr, was will er dann mein armes Herze haben?

Ich nah mich, Herr, zu dir als meinem Sonneschein,
Der mich erleucht't, erwärmt und macht lebendig sein:
Nahst du dich wiederum zu mir als deiner Erden,
So wird mein Herze bald zum schönsten Frühling werden.

Mein Herz ist ein Altar, mein Will ist's Opfergut,
Der Priester meine Seel', die Liebe Feur und Glut.

Ich bin der Tempel Gotts, und meines Herzens Schrein
Ists Allerheiligste, wann er ist leer und rein.

Ein Herze, welches sich vergnügt mit Ort und Zeit,
Erkennet wahrlich nicht sein Unermeßlichkeit.

Gott, Teufel, Welt und alls will in mein Herz hinein:
Es muß ja wunder schön und großes Adels sein!

Du sprichst, im Firmament sei eine Sonn allein:
Ich aber sage, daß viel tausend Sonnen sein.

Ein Weiser, wann er redt, was nutzet und behagt,
Ob es gleich wenig ist, hat viel genug gesagt.

Mein Geist, kommt er in Gott, wird selbst die ewge Wonne:
Gleich wie der Strahl nichts ist als Sonn in seiner Sonne.

Gott siehet nichts zuvor: Drum lügst du, wenn du ihn
Mit der Vorsehung mißt nach deinem blöden Sinn.

Die Ewigkeit ist uns so innig und gemein:
Wir wolln gleich oder nicht, wir müssen ewig sein.

Im Fall dich länger dünkt die Ewigkeit als Zeit,
So redest du von Pein und nicht von Seligkeit.

Das Licht gibt allem Kraft: Gott selber lebt im Lichte;
Doch, wär er nicht das Feur, so würd es bald zunichte.

Du selber machst die Zeit: das Uhrwerk sind die Sinnen;
Hemmst du die Unruh nur, so ist die Zeit von hinnen.

Daß dir im Sonnesehn vergehet das Gesicht,
Sind deine Augen schuld und nicht das große Licht.

Wem seine Sonne scheint,   derselbe darf nicht gücken,
Ob irgendwo der Mond   und andre Sterne blicken.

Ich selbst muß Sonne sein,   ich muß mit meinen Strahlen
Das farbenlose Meer   der ganzen Gottheit malen.

Wer in der Sonnen ist,   dem mangelt nicht das Licht,
Das dem, der außer ihr   verirret geht, gebricht.

Dem Heilgen geht nichts ab: er hat schon in der Zeit
An Gottes Wohlgefalln   die ganze Seligkeit.

Gott ist ja nichts als gut: Verdammnis, Tod und Pein,
Und was man böse nennt,   muß, Mensch, in dir nur sein.

Was klagst du über Gott?   Du selbst verdammest dich!
Er möcht es ja nicht tun,   das glaube sicherlich.

Trinkst du des Herren Blut   und bringest keine Frucht,
So wirst du kräftiger   als jener Baum verflucht.

Kannst du dich auf den Geist   in deinem Heiland schwingen,
So wird er dich mit sich   in seine Wüste bringen.

Freund, wer den Himmel nicht   erobert und bestürmt,
Der ist nicht wert, daß ihn   sein Oberster beschirmt.

Das Himmelreich wird leicht   erobert und sein Leben;
Belagre Gott mit Lieb: er muß dir's übergeben.

Man wirft das Weizenkorn   auf Hoffnung in die Erden:
So muß das Himmelreich   auch ausgestreuet werden.

Der Teufel ist so gut   dem Wesen nach als du.
Was gehet ihm dann ab?   Gestorbner Will und Ruh.

Der Weise, wann er stirbt,   begehrt in'n Himmel nicht:
Er ist zuvor darinn,   eh ihm das Herze bricht.

Die Liebe fürcht't sich nicht,   sie kann auch nicht verderben:
Es müßte Gott zuvor   samt seiner Gottheit sterben.

Die Lieb ists schnellste Ding: sie kann für sich allein
In einem Augenblick   im höchsten Himmel sein.

Christ, flieh doch nicht das Kreuz: du mußt gekreuzigt sein.
Du kommst sonst nimmermehr   ins Himmelreich hinein.

Alls Zeitlich' ist ein Rauch. Läßt du es in dein Haus,
So beißt es dir fürwahr des Geistes Augen aus.

Lauf nach dem Ehrenpreis, du mußt der erste sein,
Du trägest nichts davon, kriegst du ihn nicht allein.

Gewalt geht über Recht. Wer nur Gewalt kann üben,
Von dem wird auch die Tür des Himmels aufgetrieben.

Ein Kampfplatz ist die Welt. Das Kränzlein und die Kron
Trägt keiner, der nicht kämpft, mit Ruhm und Ehrn davon.

In Gott lebt, schwebt und regt sich alle Kreatur:
Ists wahr, was fragst du dann erst nach der Himmelspur?

Der Himmel senket sich, er kommt und wird zur Erden:
Wann steigt die Erd empor und wird zum Himmel werden?

Ach, Mensch, versäum dich nicht, es liegt an dir allein,
Spring auf durch Gott, du kannst der größt' im Himmel sein.

Verzweifle nicht, mein Christ, du kannst in'n Himmel draben,
So du nur magst darzu ein männlich Herze haben.

Christ mein, wo läufst du hin? der Himmel ist in dir.
Was suchst du ihn dann erst bei eines andren Tür?

Christ, so du kannst ein Kind von ganzem Herzen werden,
So ist das Himmelreich schon deine hier auf Erden.

Es dünkt mich leichter sein, in Himmel sich zu schwingen,
Als mit der Sünden Müh in Abgrund einzudringen.

Nicht Gott gibts Himmelreich: du selbst mußts zu dir ziehn
Und dich mit ganzer Macht und Eifer drum bemühn.

Der Himmel ist in dir und auch der Höllen Qual:
Was du erkiest und willst, das hast du überall.

Mensch, in das Paradeis kommt man nicht unbewehrt:
Willst du hinein, du mußt durch Feuer und durch Schwert.

Mensch, bist du Gott getreu und meinest ihn allein,
So wird die größte Not ein Paradeis dir sein.

Wer nirgends ist geborn und niemand wird bekannt,
Der hat auch in der Höll sein liebes Vaterland.

Die Hölle schadt mir nichts, wär ich gleich stets in ihr:
Daß dich ihr Feuer brennt, das lieget nur an dir.

Könnt' ein Verdammter gleich im höchsten Himmel sein,
So fühlet' er doch stets die Höll und ihre Pein.

Die Zuversicht ist gut und das Vertrauen fein:
Doch, bist du nicht gerecht, so bringt es dich in Pein.

Die Hoffnung ist ein Seil: könnt ein Verdammter hoffen,
Gott zög ihn aus dem Pfuhl, in dem er ist ersoffen.

Wer Gott vereinigt ist, den kann er nicht verdammen,
Er stürze sich dann selbst mit ihm in Tod und Flammen.

Wer in der Hölle nicht kann ohne Hölle leben,
Der hat sich noch nicht ganz dem Höchsten übergeben.

Der Zorn ist höllisch Feur: wann er in dir entbrennt,
So wird dem heilgen Geist sein Ruhbettlein geschändt.

Die Rachgier ist ein Rad, das nimmer stille steht:
Je mehr es aber läuft, je mehr es sich vergeht.

Eröffene die Tür, so kommt der heilge Geist,
Der Vater und der Sohn dreieinig eingereist.

Wie, daß Ignatius von Tieren wird zerbissen?
Er ist ein Weizenkorn, Gott wills gemahlen wissen.

Die Furcht des Herren ist der Weisheit Anbeginn,
Ihr End ist seine Lieb, ihr Mittel kluger Sinn.

Lieb ist der Weisen Stein: sie scheidet Gold aus Kot,
Sie machet Nichts zu Ichts und wandelt mich in Gott.

Gott sind die Werke gleich; der Heilge, wann er trinkt,
Gefället ihm so wohl, als wann er bet't und singt.

Liebst du Gott über dich, den Nächsten wie dein Leben,
Was sonst ist, unter dir: so liebst du recht und eben.

Die Tugend, die dich krönt mit ewger Seligkeit
(Ach halte sie doch fest!), ist die Beharrlichkeit.

Die Hoffnung höret auf, der Glaube kommt zum Schauen,
Die Sprachen redt man nicht, und alles was wir bauen

Vergehet mit der Zeit: Die Liebe bleibt allein –
So laßt uns doch schon jetzt   auf sie beflissen sein.

Wo Gott mich über Gott   nicht sollte wollen bringen,
So will ich ihn dazu   mit bloßer Liebe zwingen.

Es ist kein Vor noch Nach: was morgen soll geschehn,
Hat Gott von Ewigkeit   schon wesentlich gesehn.

Mensch, alles was du willst,   ist schon zuvor in dir:
Es lieget nur an dem,   daß du's nicht wirkst herfür.

Ich ward das, was ich war,   und bin, was ich gewesen,
Und werd es ewig sein,   wenn Leib und Seel genesen.

Gott schafft die Welt annoch: kommt dir dies fremde für?
So wiß, es ist bei ihm   kein Vor noch Nach, wie hier.

Die Allmacht hält die Welt,   die Weisheit, die regiert,
Die Güte segnet sie: wird hier nicht Gott gespürt?

Die Rose, welche hier   dein äußres Auge sieht,
Die hat von Ewigkeit   in Gott also geblüht.

Die Ros ist ohn warum,   sie blühet weil sie blühet,
Sie acht't nicht ihrer selbst,   fragt nicht, ob man sie siehet.

Der Regen fällt nicht ihm,   die Sonne scheint nicht ihr;
Du auch bist anderen   geschaffen und nicht dir.

Freund, wer in jener Welt   will lauter Rosen brechen,
Den müssen 'vor allhier   die Dornen gnugsam stechen.

Ich weiß, die Nachtigall   straft nicht des Kuckucks Ton:
Du aber, sing ich nicht   wie du, sprichst meinem Hohn.

Freund, solln wir allesamt   wie immer Eines schrei'n,
Was wird das vor ein Lied   und vor Gesinge sein?

Je mehr man Unterscheid   der Stimmen vor kann bringen,
Je wunderbarlicher   pflegt auch das Lied zu klingen.

Gott gibet so genau   auf das Koaxen acht,
Als auf das Direlirn,   das ihm die Lerche macht.

Die Kreaturen sind   des ewgen Wortes Stimme:
Es singt und klingt sich selbst   in Anmut und im Grimme.

Dies alles ist ein Spiel, das ihr die Gottheit macht:
Sie hat die Kreatur um ihretwill'n erdacht.

Ihr Menschen, lernet doch von Wiesenblümelein,
Wie ihr könnt Gott gefalln und gleichwohl schöne sein.

Gott ist ein Organist, wir sind das Orgelwerk,
Sein Geist bläst jedem ein und gibt zum Ton die Stärk.

So schön die Laute sich aus eignen Kräften schlägt,
So schön klingt auch die Seel, die nicht der Herr bewegt.

Den Bräutgam deiner Seel verlanget einzuziehen,
Blüh auf: er kommet nicht, bis daß die Lilgen blühen.

Die Schönheit lieb ich sehr: doch nenn ich sie kaum schön,
Im Fall ich sie nicht stets seh unter Dornen stehn.

Was ist nicht sündigen? Du darfst nicht lange fragen:
Geh hin, es werdens dir die stummen Blumen sagen.

Gott ist nur alles gar: er stimmt die Saiten an,
Er singt und spielt in uns: wie hast dann du's getan?

Ein Herze, das zu Grund Gott still ist wie er will,
Wird gern von ihm berührt: es ist sein Lautenspiel.

Die Sonn erreget alls, macht alle Sterne tanzen,
Wirst du nicht auch bewegt, so g'hörst du nicht zum ganzen.

Blüh auf, gefrorner Christ, der Mai ist für der Tür:
Du bleibest ewig tot, blühst du nicht jetzt und hier.

Die Ros' ist meine Seel, der Dorn des Fleisches Lust,
Der Frühling Gottes Gunst, sein Zorn ist Kält und Frost,
Ihr Blühn ist Gutes tun, den Dorn, ihr Fleisch, nicht achten,
Mit Tugenden sich ziern und nach dem Himmel trachten:
Nimmt sie die Zeit wohl wahr und blüht, weils Frühling ist,
So wird sie ewiglich für Gottes Ros' erkiest.

Die Lieb ist unser Gott, es lebet alls durch Liebe:
Wie selig wär ein Mensch, der stets in ihr verbliebe!

Schweig, Allerliebster, schweig: kannst du mir gänzlich schweigen,
So wird dir Gott mehr Gut's, als du begehrst, erzeigen.

Fürwahr, wer diese Welt   recht nimmt in Augenschein,
Muß bald Democritus,   bald Heraclitus sein.

Ach daß wir Menschen nicht,   wie die Waldvögelein,
Ein jeder seinen Ton   mit Lust zusammen schrein!

Freund, es ist auch genug.   Im Fall du mehr willst lesen,
So geh und werde selbst   die Schrift und selbst das Wesen.

Anmerkung

Der Dichter des Cherubinischen Wandersmann, Johann Scheffler, bekannter unter dem Namen Angelus Silesius, wurde 1624 zu Breslau geboren. 1643 bezog er als Mediziner die Universität Straßburg. Von den nächsten Jahren verbrachte er zwei in Leyden, hier ist er wahrscheinlich durch den Umgang mit dem schlesischen Theosophen Abraham von Franckenberg und durch das Studium der Schriften Jakob Böhmes in die mystische Strömung gekommen. 1647 ging er nach Padua und erlangte dort den Doktorgrad »mit höchstsonderlichen Ehren.« 1649 wurde er Leibarzt des Herzogs von Öls, gab diese Stellung jedoch schon nach drei Jahren auf und trat im Juni 1653 zur katholischen Kirche über. Der feinempfindende Dichter fühlte sich von dem trocknen Protestantismus abgestoßen, die Mystik führte ihn zum Pantheismus, der Pantheismus zum Katholizismus. Beim Übertritt nahm er den Namen Angelus an und nannte sich in der Folge in seinen Dichtungen Johann Angelus Silesius (der Schlesier).

1657 erschienen, vielleicht früher von der lutherischen Zensur beanstandet, seine Hauptdichtungen, beide mit Erlaubnis der katholischen Zensur: »Geistreiche Sinn- und Schlußreime«, bekannter unter dem Namen der zweiten vermehrten Auflage als »Cherubinischer Wandersmann«, und die Sammlung seiner geistlichen Lieder, die zu den bedeutendsten ihrer Art gehören. Manche davon sind in protestantische Gesangbücher übergegangen und werden noch heute häufig gesungen.

Sein hervorragendstes Werk voll ewiger, unvergänglicher Gedanken ist der Cherubinische Wandersmann. Neben wunderbar Schönem und Tiefem, wie es nur der Philosoph, der Künstler und echte Dichtergeist auszusprechen vermag, finden sich jedoch Reime, die alle Mängel des sich mehr und mehr in Sektenaberglauben verstrickenden Sehers verraten und die sich schwer mit dem übrigen Inhalt des Buches vereinigen lassen; diese konnten für unsere Erneuerung nicht in Frage kommen. Im Februar 1661 wurde Scheffler Minorit, im Mai erhielt er die Priesterweihe – und aus dem tiefsinnigen, weihevollen Dichter ward nun der fanatische Feind des Protestantismus. Seine Haupttätigkeit blieb fortan die literarische Fehde, so daß er in zwölf Jahren fünfundfünfzig zum Teil sehr umfangreiche Streitschriften herausgab. In den letzten Jahren seines Lebens zog er sich ganz ins Matthiasstift seiner Vaterstadt zurück und starb daselbst nach jahrelangem Leiden am 9. Juli 1677.

Printed at Repro India Ltd.